Silvia Colmenares

De pipas y patos

Similitudes encadenadas
hacia el 'non-decorated shed'

Ensayos Críticos
09

Pensar imágenes

Pocas obras llegan a alcanzar la trascendencia del cuadro *La trahison des images*, pintado por René Magritte a la edad de treinta años. Su influencia marca el desplazamiento del arte desde lo mimético hacia el terreno del pensamiento. De hecho, rehuía la calificación de artista y prefería definirse como «un hombre que piensa». Todo su trabajo constituye un sabotaje a nuestro sentido de lo familiar, a los lugares comunes que definen nuestra existencia. Y para ello emplea objetos y elementos cotidianos adoptando un estilo pictórico sin cualidades, absolutamente convencional, que le permite centrarse en la representación del pensamiento mismo. Estos objetos no cumplen una función simbólica, no están ahí, en el cuadro, en sustitución de otra cosa, sino para evidenciar la problemática relación entre las imágenes, las palabras y las cosas, implícita en toda representación. En este caso, la pipa que vemos no tiene un significado oculto. Es una forma que sólo se representa a sí misma. Podríamos decir que la pipa es la excusa, o la coartada, para la producción de un pensamiento seriado que insiste en desafiar las convenciones del lenguaje a través de un conjunto de variaciones que aceptan, sin embargo, las convenciones del soporte pictórico bidimensional. O, más bien, las explotan como territorio de conflicto.

Magritte utilizó recurrentemente la figura de la pipa a lo largo de su trayectoria. Apareció por primera vez en 1926, en un extraño dibujo donde apenas se reconoce su silueta junto a otra mancha informe si no fuera por la ayuda de las palabras que se leen debajo y la designan. Poco después, elabora su configuración más conocida, a la que acabamos de referirnos, la de 1929, donde la pipa aparece como una ilustración de un catálogo y que algunos han querido emparentar con la fotografía de una pipa que Le Corbusier incluyó en la última página de *Vers une architecture*, con propósitos muy diferentes, seis años antes. Encontramos también una versión en inglés, de 1935, probablemente producida para su primera exposición en Nueva York al año siguiente. Y, después de un gran silencio en la serie, aparece una versión en la que la sombra que proyecta la pipa sobre el fondo y el humo que desborda el propio marco hacen pensar en la posibilidad de que la pipa sea un objeto con volumen (¿una pipa real?) que, a su vez, es representada en el lienzo. El título de esta versión, *L'air et la chanson*, utiliza esta expresión francesa que viene a decir que realidad y apariencia no son lo mismo. La otra versión más conocida es la que lleva por título *Les deux mystères*. En ella, la pipa se duplica para presentarse primero como parte del cuadro de 1929 y también como forma genérica, desprovista de detalles, que flota en el aire de una habitación concreta de la que sólo podemos ver el suelo. Por último, encontramos una versión realizada para acompañar un poema de Paul Nougé en la revista *Les Lévres Nues* en la que la pipa aparece seccionada, presentada como un plano que nombra cada parte con palabras que no le corresponden: así podemos leer «comedor», «pasillo», «billar», pero también «sistema nervioso» o «grifo».

De toda esta secuencia, que cubre un periodo de treinta y siete años, Michel Foucault escoge dos de estas configuraciones en su versión a línea por tratarse de grabados, para establecer una comparación y escribir un conocido ensayo publicado en el año 1973.

Refiriéndose a la primera versión, Foucault la define como un «caligrama deshecho».[1] La referencia a los libros escolares, donde a cada dibujo le corresponde una palabra del vocabulario, o a aquellos cuentos pictográficos en los que algunas palabras son sustituidas por una imagen como recurso para iniciarse en la lectura, es clara. El caligrama permite, a la vez, mostrar y nombrar, mirar y leer; permite decir dos veces lo mismo porque se basa en la ley de correspondencia entre la cosa y su nombre. Sin embargo, aquí el texto está en contradicción aparente con la imagen. Un conflicto que dura apenas unos segundos, que se disipa en el momento en que aceptamos que, evidentemente, se trata del dibujo de una pipa y no de una pipa real. Una operación en el fondo bastante ingenua, pero que pone patas arriba ('deshace' en términos de Foucault) las convenciones y los abusos del lenguaje.

Pero no se trata de una contradicción, sino de una construcción mental donde algo puede ser y no ser verdad al mismo tiempo y en el mismo espacio. Una suerte de paradoja. La última versión, la de 'los dos misterios', supone un salto cualitativo porque parece fijar esta convivencia imposible entre la imagen y el texto que la niega restringiéndola al espacio pictórico. Ambos se encuentran delimitados por un marco apoyado en un caballete y este, a su vez, en un entarimado, como para que no quede duda de que estamos hablando de una representación. Pero la pipa, la verdadera pipa, está allí arriba, flotando como el tercer término que aclara la paradoja. En realidad, esta duplicidad de pipas no hace sino complicar aun más las cosas. Se produce una especie de *mise en abyme*, como en un efecto de espejos infinitos, porque esta versión requeriría también de un subtexto que indicara: 'esto sigue sin ser una pipa', 'aquí no hay pipa alguna'.

Para aclarar todo este embrollo Foucault recurre a la notación propia de la lógica proposicional y señala posibles lecturas del mismo enunciado visual-textual. Toda la ambigüedad proviene del uso del determinante 'esto'. La primera y más obvia es la que dice: esta pipa dibujada 'no es/no es lo mismo/no coincide con' la grafía de la palabra pipa. La segunda es la que interpreta: este enunciado completo del que 'esto' es la primera palabra 'no es/no puede representar' cualquiera de esos objetos con forma de pipa de los que la imagen que vemos es sólo un ejemplo. Hasta aquí ambas lecturas no hacen más que evidenciar la arbitrariedad propia del signo lingüístico frente a la necesaria semejanza del icono gráfico. Pero todavía hay una tercera, la de la última versión, según la cual: esto (el conjunto formado por la pipa dibujada y el enunciado que la acompaña) / no es / una pipa (es decir, ese concepto que tiende a ser ilustrado mediante la forma de una pipa y nombrado mediante la palabra pipa, indistintamente).

Sin entrar a valorar la utilidad de este esfuerzo por desmenuzar todas las posibilidades de interpretación, lo que resulta relevante para el argumento que sostengo es que, llegado un momento, para explicar lo que sucede entre los tres elementos del cuadro, Foucault empieza a establecer un diálogo ficticio entre ellos en el que cada uno habla en primera persona. Es decir, los convierte en sujetos parlantes.

«Una cosa no está tan ligada a su nombre como para que no pueda encontrarse otro mejor».[2] Así comenzaba el ensayo visual que Magritte publicó en la revista de los surrealistas donde el juego de sustituciones y correspondencias entre el lenguaje y las cosas se ampliaba también con el habla. Esta adoptaba en la página impresa la forma de bocadillos prácticamente indistinguibles de las palabras escritas encerradas dentro de líneas informes.

Sin duda el título de esta obra publicada en el año 1929, *Les mots et les images*, influyó en Foucault para su gran obra, *Les mots et les choses*, publicada en 1966, el mismo año que la segunda versión del cuadro analizado.[3]

Es también conocido el hecho de que Foucault mantuvo una breve correspondencia con el pintor belga en la que este discrepaba abiertamente de la diferencia que el filósofo establece entre semejanza y similitud, expuesta por primera vez en *Les mots et les choses* y aplicada al caso concreto de Magritte en el ensayo posterior.

Para Foucault la semejanza está al servicio de la representación y tiene siempre como base un patrón, una referencia primera, contra la que medir el parecido. Su ejemplo paradigmático es el retrato. En cambio, la similitud sirve a la repetición porque lo similar se desarrolla en series no jerárquicas que uno puede recorrer en un sentido o en otro. No obedecen a ninguna jerarquía, sino que se propagan de pequeñas diferencias en pequeñas diferencias.[4]

Me gustaría entender este ensayo como una secuencia de similitudes, no jerárquicas, que nos permitirán establecer una cadena de relaciones entre obras, hechos, textos y dibujos. El sentido no es único, avanza y retrocede en el tiempo, demostrando la continuidad y la recurrencia del debate que la arquitectura mantiene con su propia capacidad de representación.

Una teoría dibujada

Magritte hizo que ambos lenguajes, el verbal y el visual, se anularan mutuamente, poniendo de manifiesto que la palabra y el objeto no tienden a construir una sola figura, sino que están dispuestos según dos direcciones diferentes. Una contradicción que podría ilustrarse con la obra de Allan D'Arcangelo, utilizada por Venturi, Scott-Brown e Izenour en el libro *Learning from Las Vegas*, que combina un icono abstracto —una flecha roja apuntando hacia la izquierda— y otro figurativo —el dibujo de una mano señalando hacia la derecha—. A pesar de la familiaridad del significado de ambos, su superposición conduce a una ambigüedad sin salida.

Podría pensarse que la relación que el surrealismo establece con los objetos cotidianos comparte ciertos aspectos con el pop. Sin embargo, el objetivo principal del surrealismo —y especialmente en el caso de Magritte— es despertar una conciencia sobre lo extraordinario de lo habitual. Un estado de 'extrañamiento' que provoque una transformación de la mirada y, por extensión, del mundo. En el pop, el camino es prácticamente el opuesto. En la utilización de objetos o imágenes procedentes de la cultura de masas hay una aceptación implícita del *statu quo*, una asimilación del entorno en términos fundamentalmente acríticos. El procedimiento por el que opera el pop es una suerte de 'suspensión del juicio' que, en última instancia, conduce a una estetización de lo ordinario convertido en material artístico.

La relevancia del discurso articulado por Venturi y Scott Brown está fuera de toda duda y se hace muy visible en un diagrama elaborado por Valery Didelon que recoge toda la producción escrita relacionada con lo que define como «el caso Learning From Las Vegas». En él incluye tanto los textos publicados con anterioridad al libro como los escritos por otros. Se puede apreciar de forma muy evidente la diferencia entre el escaso impacto de la primera edición y sus secuelas y la repercusión de la segunda.[5]

De hecho, el impacto se extiende hasta hoy, con reconsideraciones recurrentes de su vigencia. Entre la extensísima producción escrita de Venturi y Scott Brown, que ellos mismos se han encargado de recopilar y hacer pública, existen dos publicaciones, en el año 1996 y en 2004, en las que se retoma de forma explícita el asunto de Las Vegas. Pero a partir de ese momento no han dejado de aparecer volúmenes que, bien con motivo del cuarenta aniversario del estudio o del libro o bien aprovechando la apertura del archivo documental, se han ido editando de forma paralela a la celebración de diversas exposiciones o simposios. También es posible detectar un aumento de la actividad editorial en torno a la figura de Denise Scott Brown que reivindica su papel como instigadora de muchas de las ideas compartidas por ambos arquitectos, que arranca en 2009 y se intensifica en 2018, tras la muerte de Venturi.

Aunque, por supuesto, Las Vegas hoy ya no es lo que era. Y esto puede aplicarse tanto al lugar de Nevada que conserva ese nombre, como a las particulares condiciones de la cultura visual de la sociedad de masas que representa. La insistencia en la exaltación de la literalidad del caso ha llegado a convertir el libro *Learning from Las Vegas* en un exótico tratado sobre el folklore consumista del pasado, en un estudio de arqueología comercial que la propia industria del turismo se ha encargado de digerir y procesar para devolvérnoslo en forma de producto. Pero ya lo advertían en el prólogo a la segunda edición: «Las

Vegas no es el tema de nuestro libro. El simbolismo de la forma arquitectónica, sí.»[6] Incluso el consenso generalizado acerca de la consideración del libro (y del estudio) como el primer ejemplo de un enfoque pedagógico pionero que sienta las bases de una metodología replicable ha oscurecido su valor y su ambición como una potencial teoría de diseño.

Esta teoría se hace explícita en la famosa distinción entre el 'pato' y el 'cobertizo decorado'. Una formulación que condensa, bajo la oposición de dos etiquetas coloquiales, toda una reflexión previa acerca de la función simbólica de la forma en arquitectura. Pero por muy ocurrente y certero que nos parezca este binomio, su gestación no se produce de forma espontánea, sino que, como veremos, es fruto de un proceso de depuración a través del dibujo que está fuertemente influenciado por el contexto académico y social en el que toma forma.

La primera versión del ideograma del *decorated shed* se remonta a un año antes de la propia experiencia del seminario. Se produce en el contexto de una suerte de *workshop* anual organizado por la escuela de Rice, en este caso en junio de 1967, en el que grupos de alumnos liderados por un profesor debían realizar propuestas sobre los modelos de educación del futuro y sus implicaciones en el diseño urbano de las ciudades. Entre los profesores estaba Venturi y, por cierto, también Cedric Price.

Los dos dibujos que se conservan poseen ya ese carácter de trazo infantil que caracterizará toda la serie. Para presentar la idea de una educación distribuida a través de estaciones de servicio según el modelo *drive-in* ya por entonces vigente para la comida rápida, uno de ellos pone de relieve la total equivalencia entre ambas funciones: comer y aprender. La única diferencia reside en la palabra escrita sobre el anuncio que corona las construcciones. Los pequeños edificios tienen la fisonomía simétrica (una puerta y dos ventanas) que los identifica como espacios escasamente diseñados. Presentan una configuración casi 'por defecto'.

El otro dibujo ofrece una versión integrada del gran signo o cartel en la propia fachada del edificio. La relación de tamaño entre ambos elementos, exagerada en el primero, debe alcanzar aquí un compromiso. Un tamaño medio, a juzgar por la relación con los omnipresentes coches que justifican el enfoque de la propuesta. La zona oscura central, que suponemos es la entrada, queda cobijada por las faldas de la letra A, de la que toma su forma.

Pero la que puede considerarse como la primera enunciación dibujada de la teoría se produce unos meses antes de su viaje con los estudiantes en el otoño de 1968. Como un adelanto de la experiencia docente, Venturi (esta vez ya junto a Scott Brown) publica un artículo en *Architectural Forum* titulado «A significance of A&P Parking Lots or Learning from Las Vegas».

Allí, bajo la imagen de la obra de Allan d'Arcangelo, aparece un dibujo tosco, hecho probablemente con rotulador, donde 'el pato' se convierte en el epítome de la arquitectura moderna, heroica, que pretende que la forma del edificio exprese su contenido. Pero esto aún no lo sabemos. En todo el artículo no hay ninguna mención al misterioso pato. Tampoco a la relación de oposición que mantiene con el 'cobertizo decorado'. El texto se limita a describir detalladamente el papel de los signos y los carteles publicitarios del *Strip*, incluso otorgándoles un valor escultórico. Su complejidad técnica y su alto coste superan con creces las cualidades de lo que se identifica como «espacio bajo y grande» (*big low space*) al que, sin embargo, se le concede el valor de una nueva monumentalidad.[7]

El contenido de este artículo coincide sensiblemente con la primera parte de lo que será el propio libro, completándolo con el material gráfico y fotográfico producido durante el seminario.

Tendremos que esperar unos meses, hasta la publicación en octubre del mismo año del artículo «On Ducks and Decoration» en la revista *Architecture Canada*[8], para que el pato sea nombrado como tal y asociado con el pato de Long Island, construido en los años treinta, cuya fotografía había sido ya incluida en el libro de Peter Blake sobre la destrucción programada del paisaje americano.

Concediendo el estatus de texto a los propios ideogramas, a toda página, se establece primero una clara disyuntiva entre los dos tipos de arquitectura, enfatizada por la conjunción escrita «o». Y, a continuación, aparece una ecuación de igualdad en la que aclaran a qué se refiere la figura del pato, es decir, a aquel edificio que pretende convertirse él mismo en símbolo adoptando una forma que pueda ser interpretada, de la que se pueda extraer significado con independencia de la convención de los signos.

Una versión algo alterada de este segundo dibujo será publicada en el libro con el título «la ecuación de la mini-megaestructura con el pato». Es a partir de aquí de donde todo el argumento se vincula abiertamente con el término 'decoración'. El breve texto que, a modo de manifiesto, precede en la revista a la publicación del proyecto para el Football Hall of Fame termina con la siguiente cita de Pugin: «Está bien decorar la construcción, pero nunca construir decoración».

Poco antes de la primera edición de *Learning form Las Vegas*, se publica un nuevo artículo en *Architectural Forum*, dividido en dos entregas (una en noviembre y otra en diciembre de 1971), que coincide sensiblemente con el contenido de la segunda parte del libro.

En el primero de los textos se establece claramente la denominación 'pato' y 'cobertizo decorado' y se ofrecen unas definiciones directas y concisas: «Cuando el sistema arquitectónico formado por el espacio, el programa y la estructura está al servicio de una forma simbólica general, a eso lo llamamos pato»; «Cuando el sistema arquitectónico formado por espacio y estructura está al servicio del programa, adoptando una forma convencional, y sobre ella se 'aplican' símbolos, entonces hablamos de 'cobertizo decorado'».[9]

A pesar de admitir que ambos tipos de arquitectura son válidos, consideran que el primero es «escasamente relevante hoy». A partir de ahí, el artículo desarrolla la conocida comparación entre Crawford Manor (de Paul Rudolph) y la Guild House (de Venturi en su etapa de asociación profesional con Coop y Lippincott); dos edificios con un programa de residencia de mayores, de un tamaño parecido y construidos ambos a mediados de los años sesenta. El procedimiento de la crítica comparada, tan extendido en el campo de la literatura, es recurrente en la producción escrita de Venturi. Como los propios autores advierten: «el argumento es simple, incluso hasta el punto de ser una banalidad».[10] El conjunto de oposiciones binarias es también claro: signo/símbolo; denotación/connotación; heráldica/fisonomía; significado/expresión.

Sin embargo, para acompañar el texto, el ideograma que se escoge sólo representa una de las dos estrategias arquitectónicas: la del pato que, esta vez, va acompañada de la propia palabra 'pato' escrita en la parte superior y flotando sobre un fondo negro que enfatiza el carácter didáctico del esquema, como si estuviera dibujado sobre una pizarra escolar.

En el segundo artículo, el de diciembre[11], tras una breve introducción más bien exculpatoria sobre la escasa ejemplaridad de sus obras respecto de la teoría propuesta, se establece una primera comparación entre la estación de bomberos de New Haven, de estética brutalista que ejemplifica lo «heroico y original», y su propia estación n°4, que ejemplifica lo «feo y ordinario». Allí, por un procedimiento claramente manierista que consiste en la utilización de elementos familiares de forma no convencional, se obtienen nuevos significados. No sólo se trata de elementos ordinarios, sino de elementos que 'representan' lo ordinario.

A partir de aquí los argumentos del texto se mueven en un plano más teórico, tomando como referencia clara un artículo de Alan Colquhoun publicado en *Perspecta* dos años antes, titulado «Typology and Design Method»,[12] que sentó las primeras bases de lo que se conocerá como 'el giro lingüístico' en arquitectura. Básicamente, lo que Venturi y Scott Brown hacen es desvelar las contradicciones propias de algunas obras del movimiento moderno administrándoles su propia medicina. La mayor parte de las formas adoptadas no responden a un funcionalismo estricto, sino que también 'representan' la función que desempeñan.

Es en el contexto de un comentario crítico sobre el edificio recientemente construido para el Ayuntamiento de Boston, cuando surge un ideograma completamente nuevo para ilustrar la forma en la que opera el *decorated shed*. El texto propone irónicamente que la pretendida monumentalidad del edifico de Boston, con una clara relación formal con el monasterio de La Tourette de Le Corbusier, se hubiera obtenido mucho más fácilmente gracias a un volumen convencional de oficinas que sirviera de soporte a un gran rótulo luminoso que, literalmente, reclamara esa condición monumental para sí mismo.

«Recommendation for a monument» en: Venturi, Scott Brown, Izenour, *Learning froma Las Vegas*, 1977. (Publicado por primera vez en *Architectural Forum*, diciembre 1971)

El dibujo, que será reproducido posteriormente en el libro con el título «recomendación para un monumento», se convierte así en la formulación de la teoría del pato y el cobertizo más cargada de ironía, sobre la que volveremos enseguida. Pero veamos antes algunas relaciones interesantes que se derivan de la diada pato-cobertizo y que hemos dado tantas veces por sentadas.

En un momento dado, en el libro LLV, se superponen dos signos sobre ambos dibujos arquetípicos, el del pato y el del cobertizo, que actuarán como leyenda para decodificar una serie de diagramas analíticos sobre la percepción de los mensajes a lo largo del Strip.[13]

Uno de ellos es un icono, es decir, adopta una forma figurativa que evoca esquemáticamente un objeto, en este caso un ojo. El otro es un signo lingüístico, es decir, adopta una forma ya codificada mediante la convención, en este caso la letra W. Pero ¿qué puede estar representando esa letra? Parece ser la inicial de la palabra *WORD*. En versiones anteriores, lo que el cartel publicitario anunciaba era la acción que podía tener lugar dentro del edifico, *EAT*. Sin embargo, ahora, la inicial representa cualquier cosa, cualquier mensaje escrito. Esta codificación insiste sobre la diferencia en el tipo de mediación que la arquitectura ofrece entre la realidad y su percepción. Mientras el cobertizo trabaja con la 'comunicación', y para ello se apoya en lo puramente visual, el pato aspira a la 'significación' y debe por lo tanto recurrir a un proceso cognitivo de interpretación.

Los diagramas en los que estos signos son empleados se centran en aspectos perceptivos, pero en un entorno y unos tamaños evidentemente determinados por la movilidad en y desde el coche. Se distancian así de los enredosos debates que, tomando la semiología como campo de referencia, empezaban a fraguarse en los foros académicos y editoriales. Lo que importa es una comunicación instantánea. La velocidad del coche no deja tiempo para más y, por lo tanto, esta debe hacerse de manera directa. La proporción o ratio entre los dos elementos, ojo y signo lingüístico, que cumplen una función de representación, está indicada para cada uno de los alzados urbanos que conforman el diagrama. Curiosamente, en el caso del Strip, el peso de los signos lingüísticos es bastante equivalente al de las formas simbólicas. Un hecho que parece contradecir la rotunda preeminencia del cobertizo decorado, defendida a lo largo de todo el libro.

Un claro precedente de este enfoque analítico es el libro de Kevin Lynch, Donald Appleyard y John R. Myer titulado *The view from the road* y publicado en el año 1964.[14] Una influencia que los autores no mencionan, pero que parece desempeñar un papel clave tanto en el desarrollo de estos códigos gráficos como en el uso de imágenes capturadas desde el vehículo en movimiento.

Asimismo, el libro de Reyner Banham sobre la ciudad de Los Ángeles y sus cuatro ecologías, publicado en el año 1971,[15] comparte un interés por describir la naturaleza de los fenómenos que podríamos calificar como post-urbanos, aunque en su caso con una mayor atención al equilibrio medioambiental y sus dispositivos tecnológicos asociados. El documental que grabó para la BBC al año siguiente, titulado «Reyner Banham Loves Los Angeles», es un auténtico *road trip*, rodado desde el coche, del que no se baja ni para entrevistar a Ed Ruscha. Los títulos de crédito tenían como soporte, precisamente, un cartel publicitario diseñado por Deborah Sussman, pionera del diseño gráfico ambiental. La relación entre el trabajo de ambos arquitectos es tan evidente que su mutua indiferencia no puede ser casual.

Entre las referencias no explícitas está también el extenso artículo que Charles Moore, —en ese momento el mismísimo decano de Yale—, había publicado en las páginas de la revista de los estudiantes, *Perspecta*, ya en el año 1965, en el mismo número, por cierto, en el que Robert Venturi publicó un avance de su libro *Complejidad y Contradicción*.

El artículo, que responde a un encargo de los editores, constituye un repaso exhaustivo a la arquitectura de la costa oeste a la luz del concepto de monumentalidad. En él afirma que la monumentalidad no es una cosa, sino una acción. No es el producto de la composición, de las formas, de la disposición espacial o del dinero invertido en un edificio, sino que es el resultado de un acuerdo social sobre la importancia de determinados lugares y la celebración colectiva de esa preeminencia.[16] El famoso título «You have to pay for your public life» hace referencia explícita al fenómeno Disneyland, donde el simulacro de lo cívico se desarrolla sólo tras superar la puerta y pagar una entrada. Sin embargo, este espacio público está vaciado de cualquier experiencia política y no resiste lo que Moore denomina «la prueba de la revolución».

Este es quizás su argumento más conocido, pero hacia el final del artículo hace una afirmación inesperada: «Las autopistas podrían ser los verdaderos monumentos del futuro»,[17] en un entendimiento del espacio público que trataba de operar un cambio desde lo formal hacia lo político. Una posibilidad que hoy parece haberse convertido en una auténtica predicción. Las infraestructuras al servicio del automóvil forman parte ya del imaginario colectivo de Los Ángeles por vía de la industria cinematográfica, pero también por vía de la acción ciudadana que, de forma estratégica, en escenarios de protesta contra el racismo endémico o cualquier otra causa, no duda en tomar el asfalto como antes se ocupaban las plazas.

Todo este contexto hace del libro *Learning from Las Vegas* una teoría genuinamente americana para la que los propios autores se encargan de establecer unos límites claros de lectura. Los asuntos vinculados con el consumo energético o la inminente crisis del petróleo, simplemente, no se abordan. El pato y el cobertizo decorado conforman una provocativa pareja que, al margen de sus supuestas preocupaciones sociales, está dirigida fundamentalmente a desafiar las convenciones disciplinares.

I am ...

Pero volvamos al último ideograma de la serie. Si analizamos el modo en que funciona, enseguida vemos que hay tres elementos que lo caracterizan y que lo distinguen del resto.

En primer lugar, destaca el uso de la primera persona del singular aplicada a un objeto inanimado. Un recurso que en literatura se llama 'personificación' con el que Venturi está dando voz al edificio, que hasta ahora sólo anunciaba objetivamente su función. Algunos han sugerido una relación de este dibujo con la llamada 'arquitectura parlante', pero en ese caso estaríamos hablando más bien de patos. En la atribución de una cierta voluntad al edificio resuena también la famosa enseñanza de Louis Kahn sobre lo que un ladrillo 'quiere ser'.

Sin embargo, el origen de este recurso, y el tono reivindicativo que le confiere el uso de la primera persona, puede buscarse en referencias menos académicas y, sobre todo, más ligadas a la realidad.

En febrero del año 1968, en plena preparación del programa del seminario, tuvo lugar una huelga de los trabajadores de los servicios municipales de limpieza de la ciudad de Memphis.

Iniciada a raíz de la muerte de dos empleados públicos, el movimiento culminó en una serie de marchas por los derechos civiles de las personas negras en las que el slogan «I AM A MAN» se utilizó profusamente.

En ese momento era frecuente dirigirse a la población negra como 'chico' en una clara degradación de su condición de 'hombres'. La frase elegida durante las protestas exponía por tanto una evidencia, con el verbo ser subrayado. Pero la condición reivindicativa individual de la primera persona adquiría un significado colectivo cuando cada uno de los manifestantes alzaba su propia pancarta. El 'yo' de este slogan es un yo genérico que incluye, a la vez, a todos los 'yo'; tanto al que habla como al que recibe el mensaje. El señalamiento de lo común, de lo que nos hace iguales, se hacía desde la singularidad de cada hombre.

Las protestas se prolongaron durante varios meses, provocando que Martin Luther King se desplazara hasta Memphis para pronunciar el que sería su ultimo discurso, el 3 de abril. Fue asesinado al día siguiente.

El clima de agitación política que se vivió en todos los campus universitarios a lo largo de ese año, y especialmente en Yale, con cancelaciones de clases y un rechazo por parte de los estudiantes de aquellos *studios* que no ofrecían una temática socialmente relevante, hizo que a ojos del decano Charles Moore la propuesta de sacarlos de las aulas para la experiencia del seminario en Las Vegas pareciera una buena idea. De hecho, esta era la línea de acción que estaba promoviendo en respuesta a las crecientes demandas de revisión del currículum y que lo habían llevado a establecer, un año antes, el Yale Building Project. El estilo de liderazgo de Moore lo llevó también a permitir las protestas en el campus y a apoyar a organizaciones estudiantiles activistas como el Black Workshop, pero nada de esto impidió que en junio de 1969 un misterioso incendio en el edifico de la Facultad de Arte y Arquitectura (de Paul Rudolph) obligara a reubicar las clases durante el resto del año académico. La instalación en la Beinecke Plaza del *Lipstick*, una pieza de Claes Oldenburg definida por él mismo como anti-monumento, sirvió como soporte de improvisados discursos reivindicativos y, a escasos metros, en el New Heaven Green, el primer día del mes de mayo de 1970, tuvo lugar lo que se conoce como *May Day*, una protesta pacífica pero multitudinaria contra la guerra de Vietnam y a favor de la liberación de los Black Panthers.

En este contexto pedagógico y social, parece bastante improbable que el famoso slogan «I AM A MAN» pasara desapercibido a los ojos de los Venturi o que no lo tuviera presente cuando en 1971 dibujaba su ya famoso ideograma.

El otro precedente para la adopción de la fórmula en primera persona es desde luego más prosaico, incluso circunstancial. Proviene directamente del mundo de la publicidad. Se trata de un pequeño folleto de la compañía National Electric Sign Association que se conserva en los archivos Venturi Scott Brown en la Universidad de Penn, datado en los primeros años de la década de los sesenta.

Es sin duda un material que desarrolla una estrategia comercial poco frecuente. En él, es el propio producto quien nos interpela. Como una voz en *off*, o una carta dirigida directamente al consumidor, el anuncio mismo se presenta describiendo sus bondades. Dice: «como mi propio nombre indica, ilumino la ciudad y ayudo a darle vida», «informo, oriento y soy un índice de prosperidad», «algunos negocios me consideran tan importante que me mantienen encendido durante todo el día» y así prosigue en un discurso que combina el orgullo patriota de estar ofreciendo un servicio a la sociedad con el pragmatismo capitalista que apela a la imagen de un progreso constante.

Este documento no ha sido nunca antes publicado.[18] El hecho de que forme parte del material del archivo indica hasta qué punto el discurso arquitectónico conformado a través de la experiencia de Las Vegas se alimenta de situaciones corrientes, casi banales, y las transforma en teoría mediante una observación atenta y un olfato extraordinario para la comunicación de las ideas.

El segundo elemento que llama la atención en este ideograma es la palabra «*monument*», porque al referirse a una categoría abstracta, y no a un objeto (como podría ser la pipa de Magritte), se pone inmediatamente en relación con todas las nociones previas que la disciplina ha desarrollado para esa categoría.

La cosa y las palabras que la designan están, esta vez, en una contradicción que no es evidente. El ojo va de una a otra sin poder descifrar por completo el mensaje, que requiere de un contexto informado para apreciar hasta qué punto el dibujo de Venturi está desafiando la estabilidad de las ideas aceptadas sobre lo que es y no es arquitectura.

La preocupación por definir la cualidad monumental de la arquitectura moderna arranca en los años de postguerra con el manifiesto «Nine points on monumentality» redactado en 1948 por José Luis Sert, Fernand Léger y Sigfrid Giedeon. El texto constituía una llamada a la acción, a la conquista de una nueva monumentalidad que pudiera representar los valores compartidos por una sociedad emergente; y la vía por la que esta debía alcanzarse era la de la obra de arte total, mediante la integración entre planeamiento urbano, arquitectura y arte. Aunque se mencionen algunos recursos puramente plásticos y bidimensionales, es a través del expresionismo de la forma como la arquitectura podría ofrecer «algo más que la mera funcionalidad».[19]

Una postura que está en sintonía con otra famosa y polémica afirmación por parte del historiador inglés Nikolas Pevsner, unos años antes, para el que un 'cobertizo' de bicicletas no podría nunca ser una pieza de arquitectura, un estatus que sólo puede concederse a las obras con una aspiración estética o artística.[20] Es inevitable pensar que la categoría venturiana del *decorated shed* está desafiando, directamente, esta comparación.

La subjetividad del criterio sobre lo que es o no es arquitectura, la cuestión acerca de quién tiene el derecho de hablar y desde dónde, es el tema central del último artículo escrito por Banham publicado póstumamente en 1990. Titulado precisamente «A Black Box», como metáfora del hermetismo del sistema disciplinar, utilizaba la cita de Pevsner como epítome de esta arbitrariedad.[21]

Sin embargo, para alguien como Adolf Loos, el límite entre arquitectura y arte estaba claramente definido. La única zona de confluencia posible entre los dos campos es precisamente el monumento, sea este funerario o conmemorativo. Llegado el momento, el arquitecto había dejado instrucciones precisas: «Quiero que mi tumba sea un cubo de granito. Pero no muy pequeño, pues parecería un tintero».[22] En lo que parece ser un improvisado esquema, Loos dibuja un prisma de proporciones cúbicas, sin ornamento alguno, sobre el que se inscribiría su nombre y, en la base, el lugar y fecha de nacimiento y muerte. Las anotaciones al margen sólo hacen referencia a dos cuestiones: la materialidad —debía ser de granito gris— y la tipografía —debía ser unitaria, «como la de Guttenberg»—. Es decir, es exclusivamente gracias al texto, aplicado sobre una superficie material y una forma que podríamos definir 'sin atributos', como el monumento adquiere su significado.

Si comparamos este caso con la obra de Piero Manzoni titulada «Base del mundo» tal vez sea más evidente el poder de las palabras para alterar la naturaleza de las cosas. Mientras sus dos versiones anteriores reflexionaban sobre la capacidad del pedestal de presentar y representar la cualidad artística de cualquier objeto colocado sobre él, la *Base Mágica n°3,* por hallarse invertida, convierte al mundo entero en una obra de arte. [23]

Las prácticas artísticas de los años sesenta exploraron las posibilidades inauguradas por el *ready-made* duchampiano hasta sus últimas consecuencias. La relación entre la obra y su título, y entre ambos y el nombre del artista, constituyó un asunto clave para determinar lo que pertenecía al mundo del arte y lo que no.

La famosa sentencia que un periodista del *Newsweek* arrancó a Duchamp durante una entrevista en abril de 1968 ponía el acento en el sujeto y en su poder de enunciación: «Si yo digo que es arte, es arte». Pero el 'yo' de esta frase no es el mismo que el del dibujo de Venturi.

Tampoco es el mismo sujeto elíptico que habla en los cuadros de Magritte. Si el enunciado demostrativo que acompaña al objeto arquitectónico se coloca fuera o, mejor dicho, debajo, la operación de Venturi se desmonta.

THIS IS A MONUMENT

Porque lo que el dibujo realiza es un acto de habla. Definidos por John Austin, en su obra *Cómo hacer cosas con palabras*,[24] los actos de habla (o *speech acts*) son enunciados performativos o realizativos. Son frases que se 'cometen' o se 'perpetran' porque su simple pronunciación surte el efecto que anuncian. El ejemplo paradigmático es el acto de jurar o prometer. Esta categoría de la filosofía del lenguaje desarrolla una idea que ya había establecido Wittgnestein: entender una proposición no es entender lo que significa, sino lo que hace.[25]

En este caso, la autoridad para autoproclamarse monumento está completamente cedida al propio objeto, pero no desde su forma, sino desde el signo lingüístico. En la teoría del cobertizo decorado los signos liberan a la arquitectura de lo 'postural'.

Boîtes y milagros

El tercer elemento que caracteriza el ideograma es el propio volumen cúbico. Se elige una forma genérica, una construcción vulgar. El edificio sólo necesita un nombre para estar 'casi bien'. Pero, ¿qué pasa entonces si eliminamos el enorme cartel? ¿Qué es lo que queda? El volumen-edificio está ahora recubierto por una textura que a duras penas nos proporciona una mínima sensación de escala. Junto con la línea del horizonte, el conjunto de trazos que se distribuyen indiscriminadamente por la superficie es el único indicio que nos permite seguir refiriéndonos al objeto representado como arquitectura. Continuemos borrando. Sin su piel tramada y rugosa, el cobertizo es ya sólo un objeto. Imposible adivinar su tamaño y menos aún qué sucede en su interior. Ni siquiera sabemos si se trata de una caja vacía o un bloque macizo. Bastará un pequeño trazo en uno de sus lados para sugerir una puerta. El objeto es ahora descomunal. La multitud se concentra a su alrededor. Todos quieren presenciar el 'milagro' de su interior.

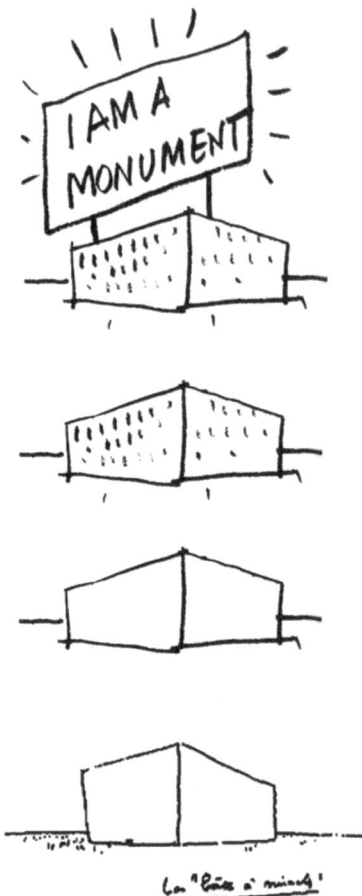

Secuencia desde el ideograma «I am a monument» hasta el dibujo de la «Boîte a miracles».
© Silvia Colmenares

La secuencia presentada nos conduce desde la exterioridad elocuente del *decorated shed* hacia la interioridad enigmática de la *boite à miracles*. Pero, ¿qué ha pasado en el camino entre estos dos polos opuestos? En algún lugar intermedio el argumento se presenta bajo la forma de un 'cobertizo no-decorado'. No importa si la envolvente es blanca o presenta una textura, lo único relevante es que es continua e indiferenciada.

Le Corbusier define por primera vez la 'caja de los milagros' en el congreso sobre arquitectura y arte dramático celebrado en la Sorbona de París, en 1948, pero el dibujo no aparece hasta 1951, en el marco de una conferencia pronunciada en el CIAM 8 celebrado en Hoddesdon. Ambas definiciones, la gráfica y la literaria, serán recogidas juntas en la obra completa, formando parte de la lámina 11 del Museo del Siglo XX y, a partir de entonces, este cubo escénico es una pequeña pieza periférica que siempre acompañará a sus proyectos de museos de crecimiento ilimitado.

Concebida como un dispositivo arquitectónico al servicio de la simulación, la *boîte à miracles* encarna la desconexión total entre interior y exterior. Anula el principio moderno de la fachada honesta que es reflejo de lo que sucede detrás de ella.

El dibujo de Le Corbusier borra cualquier traza de comunicación. Supone un salto en la secuencia (aunque cronológicamente sea anterior) hacia una abstracción total, una especie de mutismo, de opacidad impenetrable. Es como si el edificio se hubiera quedado sin palabras, convertido en un gran *billboard* incapaz de adelantarnos lo que el objeto es o lo que contiene. Este recurso ofrece las fachadas del edifico como superficies disponibles, casi como pantallas de cine, dispuestas a ser soporte de cualquier imagen plana.

Pero a pesar de la evidente preferencia por la forma pura, la simplicidad geométrica y la superficie blanca representada en el dibujo de Le Corbusier, la total independencia (e incluso contradicción) entre imagen y contenido, entre apariencia y substancia, es exactamente el mismo asunto que está en la raíz de la actitud manierista expresada en el dibujo de Venturi.

La aplicación superficial del ornamento promovida por el *decorated shed* no está tan lejos de la idea lecorbuseriana del blanco continuo (o *lait de chaux*) entendido como la última capa material que reviste cualquier edificio de una modernidad sin paliativos. Una idea que quedó claramente expresada en el libro que, no por casualidad, se titulaba *El arte decorativo de hoy*, donde fue elevada a la categoría de 'ley': *la loi du ripolin* (una conocida marca de pintura).

Parece que la caja de los milagros es la encarnación de la puesta en práctica de dos técnicas complementarias: en el exterior, la aplicación indiferenciada y sin juntas del blanco convertido en concepto: en el interior, el uso extensivo de la iluminación artificial fluorescente, la climatización y la proyección de imágenes. El resultado es un volumen sin atributos, donde todo sucede en un interior oculto y altamente tecnificado.

A pesar de que el pabellón Philips, construido para la Exposición Universal de Bruselas de 1958, ha sido frecuentemente señalado como la materialización más directa de la *boîte à miracles*, es inevitable asociar el pequeño dibujo del volumen cúbico con el cuadro de Le Corbusier titulado *Le Cheminée*.

Pintado en 1918, y considerado por él mismo como su primer cuadro, muestra un enigmático objeto posado sobre lo que parece ser la repisa de una chimenea, junto a unos libros. El volumen recibe la luz de tal forma que una de sus caras la refleja con gran intensidad. Dicen que pintando este cuadro, en la oscuridad de la noche, Le Corbusier tuvo un desprendimiento de retina que lo dejaría prácticamente ciego del ojo izquierdo. El fuerte contraste del blanco y los reflejos que produce en las superficies que lo rodean generan la sensación de que es el propio objeto el que está emitiendo luz.

El efecto es similar al que se produce en la conocidísima imagen realizada por Superstudio a principios de los años setenta para ilustrar la tercera de sus doce ciudades ideales. En este caso el cubo tiene una materialidad metálica. A juzgar por el color que adquiere en torno a sus aristas superiores se podría decir que es dorado, pero en realidad lo que vemos es el reflejo de un entorno devastado, un supuesto Nueva York apocalíptico donde diez millones de cerebros se conservan en cavidades alimentadas energéticamente por la luz solar. El cubo no tiene interior. Es una forma compacta y eficiente. Se comporta como una masa cuya monumentalidad emana tanto del contexto como del texto narrativo que la acompaña.

La misma figura cúbica que para Le Corbusier resulta 'mágica' en el lenguaje de Las Vegas se traduce en un cobertizo, es decir, esa construcción que resuelve discretamente sus requerimientos programáticos y que no pierde ni un minuto en demostraciones constructivas ni articulaciones innecesarias. Es más, aprovechando precisamente que la arquitectura moderna ha liberado por fin a la fachada de sus obligaciones estructurales, la teoría del cobertizo decorado capitaliza esta autonomía convirtiéndola en una herramienta de pura comunicación.

Como ya indicaba el ideograma original, existen dos estrategias básicas para alcanzar este objetivo. A falta de un gran *billboard*, la aplicación superficial del signo como nuevo ornamento es la opción b. Pero en la primera existe un frente, una fachada principal, una cara privilegiada. ¿Qué pasa entonces cuando el ornamento se aplica de forma indiferenciada a todo el volumen? Veamos algunos ejemplos paradigmáticos en la propia obra de Venturi & Rauch.

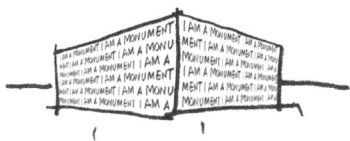

¿Quién teme a la decoración?

A finales de la década de los años setenta se presentaron dos oportunidades claras de poner en práctica la teoría del cobertizo decorado, en sus dos variantes y en condiciones muy similares, pues en ambos casos se trata de piezas suburbanas.

Por un lado, el reacondicionamiento de una nave destinada a la venta de productos de la compañía BASCO. La intervención consistió en pintar de color azul el gran contenedor existente y disponer unas enormes letras de diez metros de altura en la fachada enfrentada a la superficie de aparcamiento que se convertía así en la fachada principal. Puede decirse que el proyecto consistió básicamente en la definición constructiva y estructural de estos signos tipográficos. El otro caso es la construcción de un *showroom* para la compañía de venta por catálogo BEST PPRODUCTS. Aquí se opta por una envolvente completa y continua para todo el volumen.

Utilizar más de un color en la misma superficie implica la construcción de un patrón, es decir, un mecanismo superficial que tiende a destruir el volumen del objeto. Un efecto que conocen muy bien los expertos en camuflaje. Y es que ese es exactamente el verbo que utiliza el propio Venturi cuando se refiere a este edificio en estos términos: «Las grandes flores camuflan la inevitable banalidad de la forma arquitectónica y se leen como un letrero desde el aparcamiento y desde la autopista».[26]

El origen del patrón floral ha sido frecuentemente vinculado con la obra de Andy Warhol, sin duda porque también existe una afinidad evidente en el uso de la repetición como mecanismo para la transformación de un objeto en pura imagen. Pero, de hecho, la única mención a Warhol que hacen Venturi y Scott Brown es para suscribir su famosa frase: «me gustan las cosas aburridas».[27]

Según cuentan ellos mismos, el origen de este motivo floral hay que buscarlo en un papel pintado de la diseñadora textil francesa Paule Marrot que forraba las paredes de su propio dormitorio. La manipulación del patrón y su adaptación a una geometría de bordes definidos, así como una ampliación considerable del tamaño, acabaron por hacer que el diseño final se asemejara enormemente a las flores de Warhol. Pero el procedimiento de trasposición del patrón a los paneles esmaltados de la fachada no se parecía en nada a la técnica serigráfica utilizada por el artista en su propio estudio.

La dificultad técnica se multiplica cuando la operación tiene que someterse a los protocolos de la industria de la construcción. Lejos de hacer un uso despreocupado del color, la documentación que se conserva del proyecto muestra un gran esfuerzo por controlar el resultado al detalle, lo que supuso no pocos problemas de comunicación con la empresa encargada de fabricar los paneles esmaltados.

Tal y como ha sido señalado por Sylvia Lavin,[28] la abundante correspondencia en papel, y el trasiego de muestras que iban y venían por correo, llegó a un punto de no retorno en el que parecía imposible avanzar. Ante la negativa de la industria, Venturi escribe en color rojo sobre la última de esas cartas: «mierda, ¿qué hacer?» Es a través de la utilización del recientemente creado sistema Pantone, hasta entonces sólo aplicado en el ámbito de la industria editorial y gráfica, como se consigue superar el escollo.

Poco después de terminar esta obra, en 1982, en un artículo publicado en *Architectural Record*, Venturi anuncia lo que siente como un descubrimiento: «Hasta ahora he estado preocupado por el ornamento de contenido histórico, pero hay otro tipo de ornamento que ha sido poco empleado por la arquitectura posmoderna. Es el ornamento que consiste en un patrón *all-over*. Es una dirección que tiene un enorme potencial porque además el patrón puede ser abstracto».[29]

Y si hay alguien que, desde la práctica arquitectónica, ha entendido este potencial anunciado por Venturi es la pareja de arquitectos suizos Herzog & de Meuron, cuyas fachadas 'decoradas' denotan un cierto manierismo reeditado. Partiendo de la idea de la fachada como 'velo', que da cuenta de la discontinuidad entre interior y exterior, la envolvente se transforma en un interfaz que es a la vez una superficie y un espacio. Se convierte en un elemento con total autonomía.

En el almacén para Ricola en Mulhouse (1993) el motivo impreso sobre la fachada de policarbonato está basado en fotografías botánicas de Karl Blossfeldt. Algunos piensan que se trata de una referencia al trabajo con las hierbas naturales que requieren los productos de la compañía, pero esto ha sido tajantemente desmentido. La iconografía es para ellos un material de construcción más. No sirve nunca para 'comentar' lo que sucede en el interior. Sustituyen el discurso publicitario y popular del *decorated shed* por un mensaje artístico y relativamente elitista, incluso hermético.

Pero parte del interés de su trabajo se centra precisamente en el desarrollo de esos procedimientos técnicos y protocolos industriales que ya no se entienden como un obstáculo a superar, sino como un área de acción desde la que es posible definir por completo el carácter de un edificio. De hecho, durante su primera etapa, el trabajo de Herzog & de Meuron parece concentrarse exclusivamente en la generación de todo un catálogo de texturas superficiales altamente sofisticadas.

Para la biblioteca de la escuela en Eberswalde emplearon fotografías de periódicos coleccionadas durante años por el artista Tomas Ruff, lo que los llevó a desarrollar una patente de hormigón impreso. Allí, el motivo figurativo aplicado sobre la totalidad de la fachada unifica la superficie hasta conseguir anular las diferencias entre hormigón impreso y vidrio serigrafiado.

Pero esta versión contemporánea y 'tolerable' a nuestros ojos del *decorated shed* no debería hacernos olvidar las consecuencias que el principio de la decoración aplicada tuvo para la arquitectura. En 1979, el MoMA dedicó una exposición monográfica a los edificios de la compañía BEST cuyos propietarios eran grandes coleccionista de arte.

En una operación auspiciada una vez más por Philip Johnson, el edificio estándar de dos plantas y fachadas ciegas se proponía como soporte de un eclecticismo institucionalizado. Además de mostrar los edificios ya construidos por la firma SITE —cada uno de los cuales suponía un comentario irónico sobre el propio problema de diseño superficial— y junto con el edificio de Venturi & Rauch, el museo invitó a las figuras más preeminentes del *postmodern* americano a desarrollar sus propuestas para responder a la siguiente pregunta: «¿Qué hacer con un edificio comercial que es esencialmente una caja de zapatos sin ventanas?».[30]

En lo que puede entenderse como una tergiversación del principio de independencia interior-exterior, el ejercicio se abordaba desde la exuberancia formal y la manipulación de los elementos compositivos entendidos como repertorio estilístico.

Sin embargo, Venturi y Scott Brown declararon en repetidas ocasiones que se consideraban herederos de la arquitectura moderna, incluso abiertamente funcionalistas, aunque desde una posición crítica. Su ataque frontal al expresionismo moderno se refería más bien a lo que calificaron como NeoMo, es decir, a la transformación de los principios modernos en estilo y que consideraban tan nocivo como el PosMo. Preguntados directamente sobre su propia condición posmoderna, esquivaban la etiqueta con respuestas del tipo: «Marx nunca fue marxista, ni Freud freudiano».[31]

Baste recordar que uno de los edificios preferidos de Venturi era la Torre PSFS diseñada en 1932 por Lescaze y Howe para la compañía de fondos de pensiones de Filadelfia, que señalaba como uno de los primeros ejemplos construidos del *decorated shed*, con su fachada uniforme, su distribución eficiente de la planta y, por supuesto, su gran letrero en lo alto.

Hoy tenemos nuestras particulares 'cajas mágicas'. Pero la técnica capaz de transmitir sus posibilidades no es ya el dibujo o el ideograma, sino la fotografía. Los hechos y las cosas no parecen haber cambiado tanto como nuestra propia mirada. La famosa fotografía de un edificio de oficinas en Houston, tomada por Bas Princen en 2005 y titulada *Rignroad*, resulta tan banal como inquietante. Se trata de un edificio corriente, cuya envolvente se resuelve con un muro cortina convencional, del tipo de vidrio espejado que tanto se utilizó en los años setenta. El encuadre centrado, la luz uniforme,... todo parece dirigido a una acción de pura documentación. Pero la mera coincidencia de la línea del horizonte con el reflejo de la vegetación que está detrás de nosotros hace que la fotografía funcione como un artefacto. Ya no es tan fácil distinguir si el edificio refleja o transparenta, si contiene o desborda, si comunica o esconde.

Una de las particularidades de la forma de trabajo de Princen es que hace unos cuadernos A5 donde va recopilando las

28

referencias de las que se nutre cada una de sus fotografías. Una colección que no sólo se construye antes de producir la imagen, sino que se completa también después, de forma que cualquier imagen se relaciona con otra imagen, bien sea por voluntad o por azar. Curiosamente, en el dossier correspondiente a la fotografía anterior, se incluyen tanto el dibujo de la *boîte a miracles* de Le Corbusier como el cubo dorado de Superstudio.[32]

Para Kersten Geers, de OFFICE, —un estudio para el que la colaboración con el fotógrafo es una parte fundamental de su trabajo—, la imagen es ejemplar respecto de una posible arquitectura de la *big-box*: «Una gigantesca caja que podría contener cualquier cosa, pero que no necesita hacerse oir».[33]

Hoy, la idea de un volumen más o menos cúbico y regular, donde todo el esfuerzo se concentra en la sofisticación material de la superficie de su envolvente, es un arquetipo que se repite en diversas situaciones y contextos. A pesar de su evidente voluntad estética, las propiedades escasamente comunicativas de estas superficies podrían justificar su clasificación como '*non-decorated sheds*' ya que su carácter ornamental no coincide precisamente con la definición venturiana.

La identificación de estos volúmenes simples con la idea de una arquitectura genérica, barata y poco diseñada, se cumple sólo parcialmente. Muy al contrario, estas arquitecturas abstractas y aparentemente simples son hoy una nueva forma de heroicidad. Se han convertido en formas connotadas, en parte, por la genealogía de imágenes y referencias que ha sido descrita en este breve ensayo.

Vuelta a empezar

«Y ahora, desde el cobertizo decorado hacia la caja virtual».[34] A mediados de los años noventa, cuando Venturi escribe estas palabras, lo que tiene en la cabeza es la integración de las tecnologías digitales en el propio edificio. Es un momento en el que ya han viajado a Japón, han hecho su particular '*learning from Tokio*' y están actualizando su discurso al calor de los nuevos medios disponibles cuyo poder comunicativo ya no se mide en luxes sino que cambia con la pulsión de los píxeles.

Lo que no podían imaginar es que las pantallas acabarían por ser un dispositivo unipersonal y no tanto un *display* aplicado sobre los edificios. Alimentadas por un flujo continuo de contenidos, estas pantallas son el lugar donde definitivamente la arquitectura se consume hoy como pura imagen.

Como demuestra el trabajo de Philipp Shaerer, la sofisticación material de las superficies del *non-decorated shed* ya no es suficiente. En la lógica de la atención instantánea, esta arquitectura sin articulación, para ser percibida como 'imagen', debe primero adquirir de nuevo 'forma'. No puede ser casual que este arquitecto, transformado en artista digital, trabajara durante años en el estudio de Herzog & de Meuron a cargo de la visualización de sus proyectos.

La teoría del pato y el cobertizo consiste básicamente en una disociación entre el signo y el objeto, entre la cosa y el nombre que la designa. Pero en un mundo donde las palabras han pasado a la retaguardia la vigencia de esta distinción se pone en entredicho.

Las dos grandes categorías propuestas en el libro *Learning form Las Vegas* han sido ampliamente utilizadas como un sistema de clasificación de edificios que adopta la forma de una oposición binaria excluyente. Pero, en realidad, habría que referirse al 'pato' y al 'cobertizo decorado' como manifestaciones del mismo atributo, es decir, la falta de coherencia entre forma-estructura-programa, por un lado, y elementos simbólicos-representativos, por otro. Aunque típicamente se interpretan como diferentes, las nociones de 'pato' y 'cobertizo decorado' comparten, de hecho, el mismo principio de desconexión.

Tal vez esto explique por qué algunos edificios contemporáneos se resisten a esta catalogación y presentan rasgos de uno y otro, simultáneamente. El proyecto de Herzog & de Meuron para Prada en Tokio aplica un patrón decorativo *all-over*, pero sobre una forma que podríamos calificar como escultórica, devolviendo incluso a esta envolvente su función portante. Lo mismo sucede con la biblioteca de Seattle de OMA, donde la forma, a pesar de ser aparentemente el resultado de una organización programática, encuentra una unidad, una lectura como objeto, que emana de la uniformidad de su envolvente entendida como ornamento superficial.

Como ha admitido el propio Koolhaas: «Lo que Venturi y Scott Brown descubrieron es que los signos podían tener una presencia más fuerte que las cosas, que los objetos». Y afirma: «Lo que los arquitectos de ahora hacemos es producir patos, haciendo un esfuerzo enorme para hacer que los signos vuelvan de nuevo a las cosas, a los objetos».[35]

«I am a signature», en: Robert Venturi. *Iconography and Electronics on a Generic Architecture: A View from the Drafting Room*. Cambridge, Ma: MIT Press, 1996

El arquetipo representado por el ideograma *I am a monument* fue sometido a revisión por el propio Venturi una década después de su aparición en el libro *Learning form Las Vegas*. Convertido en una caricatura de sí mismo, el comentario del comentario denunciaba la transformación de la capacidad comunicativa de la arquitectura en una nueva expresividad cuyo rasgo principal era la identificación de la autoría de la obra.

Pero probablemente la condición ambigua de lo que, a falta de un nombre mejor, llamamos arquitectura contemporánea pudiera ser más justamente representada a través de un último pato.

La imagen conocida como la ilusión pato-conejo, que apareció por primera vez a finales del siglo XIX en una revista de humor alemana, es una de las ilusiones ópticas más famosas de la historia: resulta inevitable ver primero una de las dos especies y caer luego en la cuenta de la otra. Una vez que esto sucede, la mente puede decidir ver la imagen como un conejo o como un pato alternativamente, pero nunca los dos a la vez.

Una versión simplificada de esta figura reversible fue utilizada por Wittgenstein para demostrar la diferencia entre percepción e interpretación, entre el 'ver' y el 'ver como'. El historiador Ernst Gombrich, en las primeras páginas de su libro *Arte e ilusión*, la utilizó para señalar que la imposibilidad de descifrar dos códigos gráficos contradictorios simultáneamente hace que se produzca la ilusión de movimiento cuando cambiamos entre uno y otro a pesar de que la imagen permanece inalterada. En cambio, para Charles Jencks, que también la utilizó en su libro *El lenguaje de la arquitectura postmoderna*, lo más reseñable es que, una vez que la figura híbrida pasa a formar parte de un código cultural compartido, es posible establecer una tercera lectura: la de un animal monstruoso de dos cabezas.

La versión arquitectónica de esta oscilación la encontramos también en la propia obra de Venturi, en un proyecto no construido para Times Square. A mediados de los años ochenta, ante la mala acogida en la opinión pública de un proyecto de remodelación de la plaza por los arquitectos Philip Johnson y John Burgee, se convocó un concurso para el diseño de una pieza central que pudiera ser fácilmente identificable con este espacio público emblemático de la ciudad de Nueva York.

La propuesta de la firma Venturi, Rauch, Scott-Brown, titulada «The Big Apple», consistió en la construcción de una gigantesca manzana roja de más de veinticinco metros de diámetro, colocada sobre un pequeño edificio. Con declaradas influencias tanto del artista Oldenburg como de Magritte, la condición escultórica del signo elegido, junto con la manipulación de la escala y de su relación con el resto de la edificación, hacen que esta pieza pueda ser alternativamente leída como un *billboard* tridimensional o como un 'pato' encaramado sobre el pequeño cobertizo-pedestal.

La manzana se convirtió a partir de los años cincuenta en un objeto recurrente en las obras de Magritte, en las que aparece casi siempre monumentalizada y, desde luego, nunca en su verdadero tamaño relativo. En una reedición de la operación ya realizada con la pipa, y sin salirse de los parámetros de la pintura figurativa, el cambio de objeto parece estar cuestionando además la lógica implícita en el género del bodegón o naturaleza muerta.

Existe una primera versión del cuadro *Ceci n'est pas une pomme* (1964), pintada cuatro años antes y titulada *La force de l'habittude*, que acabó en manos de su compañero y amigo Max Ernst, fruto de un intercambio de obras entre artistas. En lo que puede considerarse como un auténtico *ready-made* pictórico, el propio Ernst alteró el lienzo introduciendo dentro de la manzana uno de sus objetos fetiche, el pájaro. La fruta, convertida en jaula para esta otra ave, pasó así a ser un espacio habitable. Inmediatamente, se hizo necesario añadir debajo «esto no es un Magritte».

Este curioso caso de alteración del sentido mediante una sucesión de símbolos anidados ejemplifica, de alguna forma, el modo en el que opera la arquitectura. En un mundo saturado de significados, la reedición de las ideas a través del tiempo requiere de la definición de nuevos contextos. Y gran parte del éxito de esta actualización se produce a través de una puesta en crisis de las relaciones aprendidas entre las palabras y las cosas.

Silvia Colmenares.
Profesora contratada doctora de
Proyectos Arquitectónicos.
Universidad Politécnica de Madrid.

Notas

1. Foucault, *Ceci N'est Pas Une Pipe*, 31.

2. Magritte, *Les mots et les images*, 32.

3. Foucault, *Les mots et les choses*.

4. Foucault, *Esto no es una pipa*, 64.

5. Didelon, *The Learning from Las Vegas Case (1968-79)*, 112. Esta contribución procede parcialmente de su tesis doctoral, defendida en la Universidad Paris Panthéon-Sorbonne, en 2010.

6. Venturi, Scott Brown, Izenour. *Learning from Las Vegas*, 17.

7. Venturi, Scott Brown, «A significance of A&P...», 89.

8. Venturi, Scott Brown, «On Ducks and Decoration», 49. Este artículo iba precedido por un texto de Tom Wolf titulado «Electro-graphic Architecture» apoyado en numerosas fotografías de Mike Salisbury realizadas en Los Ángeles y San Diego.

9. Venturi, Scott Brown, «Ugly and ordinary Architecture or The Decorated Shed», Part I, 64.

10. *Ibidem*.

11. Venturi, Scott Brown, «Ugly and ordinary Architecture or The Decorated Shed», Part II.

12. Colquhoun, «Typology and Design Method».

13. Venturi, Scott Brown, Izenour, *op. cit.*, 32 y 36.

14. Lynch et. al., *The view from the road*.

15. Banham, *Los Angeles. The architecture of four ecologies*.

16. Moore, «You have to pay for your public life», 58.

17. *Ibidem*, 97.

18. El folleto publicitario está identificado como 225.XII.C.22 en VSBA Archives. Agradezco a Heather N. Isabell Schumacher, archivista de University of Pennsylvania Stuart Weitzman School of Design, su enorme ayuda localizando este ítem en 2020, en pleno confinamiento provocado por la pandemia.

19. Sert, Léger, Giedion, «Nine Points on Monumentality», 51.

20. Pevsner. *An Outline of European Architecture*, 23. La expresión textual es: «A bicycle shed is a building; Lincoln Cathedral is a piece of architecture».

21. Banham, «A Black Box», 293.

22. Loos, *Adolf Loos Privado*, 52-53.

23. Piero Manzoni. *Socle du Monde* (Socle Magic n°3), 1961.

24. Austin, *How to do things with Words*.

25. Esta idea está expresada con otras palabras en el aforismo 4.024 del *Tractatus logico-philosophicus*. «Einen Satz verstehen, heisst, wissen was der Fall ist, wenn er wahr ist».

26. Venturi, «Diversity, Relevance and Representation...», 118.

27. Esta frase contenida en el libro LLV fue reproducida en el emblemático cartel de la primera exposición de Andy Warhol fuera de Estados Unidos, en 1968, en el Moderna Museet de Estocolmo (Suecia).

28. Lavin, «The Duck and the Document: True Stories of Postmodern Procedures».

29. Venturi, «Diversity, Relevance and Representation...», 118.

30. Drexler, «Introduction», 8.

31. Venturi, Scott Brown (Interview) «Re-learning from Las Vegas», 156.

32. Princen, *The Construction of an Image*.

33. Geers, «False Friend» en *Ibidem*, s.p.

34. Venturi, «Aphorisms» en *Iconography and Electronics on a Generic Architecture,* 327.

35. Koolhaas, «Flâneurs in Automobiles», 165.

Bibliografía

Austin, John. *How to do things with Words*. Oxford: Oxford University Press, 1962.

Banham, Reyner. *Los Angeles. The architecture of four ecologies*. New York: Harper & Row, 1971.

Banham, Reyner. «A Black Box. The Secret Profession of Architecture», *New Statesman and Society* (October 12, 1990): 20-25. [Recogido en: *A Critic Writes. Essays by Reyner Banham*, editado por Mary Banham, 292-299. Berkeley: University of California Press, 1996.]

Colquhoun, Alan. «Typology and Design Method» en *Perspecta* 12 (1969): 71–74.

Didelon, Valèry. «The Learning from Las Vegas Case (1968-79), Cronology» en *Eyes that Saw, Architecture after Las Vegas*, editado por Stanislaus von Moos y Maritno Stierli, 106-125. Zurich: Schedeigeer and Spiess/Yale School of Architecture, 2020.

Drexler, Arthur. «Introduction» en *Buildings for Best Products*. New York: Museum of Modern Art, 1979.

Foucault, Michel. *Ceci N'est Pas Une Pipe. Deux Lettres et Quatre Dessins de René Magritte*. Montpellier: Fata Morgana, 1973. [Versión en castellano citada: *Esto no es una pipa*. Barcelona: Anagrama, 2001, 6ª ed.]

Foucault, Michel. *Les mots et les choses. Une archèologie des ciences humaines*. Paris: Gallimard, 1966. [Versión en castellano citada: *Las palabras y las cosas. Una arqueología de las ciencias humanas*. Madrid: Siglo XXI, 1999, 2ª ed.]

Koolhaas, Rem, Peter Fischli y Hans Ulrich Obrist. «Flâneurs in Automobiles» en *Las Vegas Studio. Images from the Archives of Robert Venturi and Denise Scott Brown*. Zurich: Scheidegger & Spiess Verlag, 2015.

Lavin, Sylvia. «The Duck and the Document: True Stories of Postmodern Procedures». Exposición en SciArc Abril-Mayo 2017.

Loos, Clair Beck. *Adolf Loos Privat*, Viena: Verlag der Jojannes-Presse, 1936. [Versión en castellano citada: *Adolf Loos privado*, Barcelona: Mudito & Co, 2018.]

Lynch, Kevin, Donald Appleyard y John Myer. *The view from the road*. Cambridge: MIT Press, 1964.

Magritte, René. «Les mots et les images», *La Révolution surréaliste* n°12, (diciembre 1929): 32-33.

Moore, Charles W. «You have to pay for your public life» en *Perspecta* n°9/10 (octubre 1965): 57-65, 68-106.

Pevsner, Nikolas. *An Outline of European Architecture*. Harmondsworth: Penguin, [1942] 1957.

Princen, Bass. *The Construction of an Image*. Vanessa Norwood (ed.). London: Bedford Press, 2016.

Sert, José Luis, Fernand Léger y Sigfried Giedion. «Nine points on monumentality», 1948 (no publicado). Recogido en Giedion, Sigfried. *Architecture, You and Me: The Diary of a Development*. Cambridge, Mass: Harvard Univ. Press, 1958.

Venturi, Robert. «Diversity, Relevance and Representation in Historicism, or Plus ça Change…plus a Plea for Pattern all over Architecture…», *Architectural Record* (Junio 1982): 114-119.

Venturi, Robert. «Aphorisms» en *Iconography and Electronics on a Generic Architecture: A View from the Drafting Room*. Cambridge, Mass.: MIT Press, 1996.

Venturi, Robert, Denise Scott Brown y Steven Izenour. *Learning from Las Vegas, The forgotten Symbolism of architectural form*. Cambridge: MIT Press, 1977. [Versión en castellano citada: *Aprendiendo de Las Vegas. El simbolismo olvidado de la forma arquitectónica*. Barcelona: Gustavo Gili, 1978]

Venturi, Robert y Denise Scott Brown. «A significance of A&P Parking Lots or Learning from Las Vegas», *Architectural Forum* vol. 138, n°2 (marzo 1968): 43

Venturi, Robert y Denise Scott Brown. «On ducks and decoration», *Architecture Canada* vol. 45, n°10 (octubre 1968): 48-49.

Venturi, Robert y Denise Scott Brown. «Ugly and ordinary Architecture or The Decorated Shed» Part I, *Architectural Forum* vol. 135, n°4 (noviembre 1971): 64-67.

Venturi, Robert y Denise Scott Brown. «Ugly and ordinary Architecture or The Decorated Shed» Part II, *Architectural Forum* vol. 135, n°6 (diciembre 1971): 48-53.

Venturi, Robert, Denise Scott Brown, Rem Koolhaas y Hans Ulrich Obrist. (Interview) «Re-learning from Las Vegas» en *Content: OMA-AMO*, editado por Rem Koolhaas, 150-157. Colonia: Tachen, 2004.

Colección Ensayos Críticos

Directora de la colección
Silvia Colmenares

Edita
DPA ETSAM en colaboración con
Ediciones Asimétricas

Ensayos Críticos 09
De pipas y patos

© de los textos
Silvia Colmenares

© de las imágenes
sus autores

© de la edición
© DPA ETSAM, 2024
www.dpa-etsam.com
© Ediciones Asimétricas, 2024
www.edicionesasimetricas.com

Diseño
gráfica futura

Impresión
Estilo Estugraf Impresores

ISBN
978-84-10065-38-3

Depósito legal
M-17172-2024

Impreso en España / Printed in Spain

Este producto está hecho de material proveniente
de bosques certificados FSC® bien manejados y
de otras fuentes controladas.